Entre una estrella y dos golondrinas

Manuel Sauceverde

Entre una estrella y dos golondrinas

Confesiones eróticas en caída libre

✦ILECTIO

Primera edición, 2020

***

ENTRE UNA ESTRELLA Y DOS GOLONDRINAS

Diseño de portada: «Orgasmos galácticos», Digital, Yossimar Guadalupe Ramos Gálvez, 2019

Composición: Jorge Rojas

D.R.. © 2019, Grupo Editorial Lectio S.A.S. de C.V.
Narbona 6, 09890, Ciudad de México

ISBN: 978-607-98515-3-8

Miembro de la Cámara Nacional de la Industria Editorial Mexicana
Registro número: 3237

Comentarios y sugerencias: contacto@lectio.com.mx
Visita: www.lectio.com.mx

Hecho en México • *Made in Mexico*

Para Julieta

¿Por qué leer poesía?

Esta pregunta es simple y compleja a la vez. Tan sencillo como contestar con un simple *porque sí* o una larga retahíla de razones: porque es algo humano, trascendental, óntico, filosófico, espiritual. La poesía, compañera de la humanidad desde etapa temprana es algo más que contadora de historias. La poesía es signo, es símbolo y sentido, pero también es ritmo, armonía, imagen. La poesía es una mariposa de vida breve. Cuando su lectura se goza y se comparte, vuela y revolotea ofreciendo placer a quien la mira. Auténtica, visceral y orgánica, nace de la necesidad compulsiva del ser humano para compartir los sentimientos más profundos, íntimos y entrañables que pueden surgir del corazón de una persona. Leer poesía es compartir ese instinto arcaico y entrañable de descubrir un lenguaje que viene de la profundidad y comunica lo que de otro modo es incomunicable. Es sumergirse en el mundo de la magia y la comunión con lo eterno e indefinible.

Leer el libro de Manuel Sauceverde, *Entre una estrella y dos golondrinas*, nos conduce a una experiencia de inmersión en ese universo de tejido fino que es el poema breve, en este caso el *senryū*, que logra captar el erotismo en chispas de luz que nos iluminan. Un erotismo táctil y a la vez etéreo del que el lector no querrá desprenderse.

Kyra Galván

Senryū: el haiku de lo humano

No sigo el camino de los antiguos:
busco lo que ellos buscaron.

Matsuo Bashō

El *haiku* (俳句) es una composición poética de origen japonés sin título, ni ritmo ni rima, formada por tres *ku* (versos) de cinco, siete y cinco *on* (sílabas), respectivamente.

En algunas lenguas como el japonés, una sílaba (el sonido articulado que constituye un sólo núcleo fónico en una palabra) puede descomponerse en unidades más pequeñas llamadas *moras*. Una mora es una unidad fónica que mide el *peso silábico* o la duración de los segmentos de una sílaba. Por lo general, en la lengua española no existe distinción entre mora y sílaba; sin embargo, para contar el número de sílabas que tiene cada uno de los versos en un poema se utilizan las siguientes reglas: 1) si el verso acaba en una palabra aguda, se cuenta una sílaba más; y 2) si el verso acaba en una palabra esdrújula, se cuenta una menos. La razón de estos ajustes es estrictamente fonética: una vocal tónica en la sílaba final de una palabra aparenta ser más larga; por otro lado, en una palabra esdrújula la sílaba intertónica parece ser más breve. Además de lo anterior, deben tomarse en cuenta otros recursos como la *sinalefa*, la *sinéresis*, el *hiato* y la *diéresis*.

La poética tradicional del haiku se basa en el regocijo

instantáneo que produce en el poeta la contemplación de la naturaleza; por esta razón, debe escribirse en tiempo presente. Por ejemplo, Matsuo Bashō (1664-1694) escribe:

静かさや
岩にしみ入る
蝉の聲

(Shizukasa ya
iwa ni shimiiru
semi no koe)

Que tranquilidad...
El canto de la cigarra
taladra la roca

Uno de los recursos líricos esenciales del *haijin* (escritor de haiku) es el *kigo*, una palabra clave que ubica espacial y temporalmente al poema; por lo general, en una estación del año o festividad trascendente. Por ejemplo, las palabras *sakura* (flor del cerezo) y *fuego* son kigo de la primavera y del verano, respectivamente. El objetivo es cristalizar la naturaleza en diecisiete sonidos, no explicarla; por tanto, la economía del lenguaje resulta vital.

Al igual que el haiku tradicional, el contemporáneo también busca la conmoción profunda ante el mundo (*aware*), aunque suele carecer de kigo[1] y de *kireji* (palabra de corte), pero no de *haimi* (esencia o sabor). El kireji es un recurso poético fundamental parecido a la *cesura* que divide el flujo de ideas o induce una pausa rítmica y gramatical; aunque este elemento es específico del haiku japonés, en otras lenguas como el español se pueden utilizar el guion largo o los puntos suspensivos para relacionar dos (máximo

---

1 Llamados *mukigo* haiku.

tres) imágenes contrastantes. Por ejemplo, la función de la palabra *ya* (や) en el haiku de *Bashō* es semejante a la de los puntos suspensivos: introduce una pausa dramática; además, corta el poema en dos imágenes yuxtapuestas.

Ante algo que considera extraordinario, el haijin elige escribir aquellos elementos finitos y concretos responsables de su *aware* infinito y abstracto.

Para Matsuo Bashō, el haiku es un camino al Zen: "es lo que sucede en un lugar y momento dados"; Yosa Buson (1715-1783) lo consideraba un arte cuyo fin es la belleza; Kobayashi Issa (1763-1828) afirmó que estos poemas eran la expresión de su amor por las personas, los animales, las cosas y lo espacios; finalmente, Masaoka Shiki (1867-1902) sugiere que los haikus no son *proposiciones lógicas* que surgen de la reflexión: son percepción pura. El haiku es la voz de un niño que exclama: ¡miren!

Por otro lado, el *senryū* (川柳), que toma su nombre en honor al poeta Hachiemon "Senryū" Karai (1718-1790), tiene la misma métrica que el haiku, incluso los mismos recursos poéticos, pero no tiene sabor a haiku. A diferencia de éste, en el senryū todos los temas se permiten: eróticos, cínicos, humorísticos, sarcásticos, obscenos u abstractos; su *haimi*: la naturaleza humana. Por ejemplo, Senryū Karai escribe:

泥棒を
捕えてみれば
我が子なり

(Dorobo o
toraete mireba
wagako nari)

El ladrón
que he capturado:
mi propio hijo

En otras palabras, el senryū es la voz de un hombre que exclama: ¡miren!

Para comprender la diferencia entre ambos poemas con estructuras similares, Alan Pizzarelli (1950 -) explica: "Si es el hombre dentro del mundo, es haiku. Si es el mundo dentro del hombre, es senryū". Sin embargo, Francine Porad (1929-2006), ex presidenta de la Sociedad de Haiku de América, afirma: "Hay algunas personas que creen que cualquier referencia a los seres humanos en un haiku convierte el poema en un senryū. Estoy en desacuerdo. En mi opinión no debería haber separación porque no hay separación entre la naturaleza humana y el mundo de la naturaleza". Porad añade: "A veces un poema encaja en ambas categorías".

Entre los poetas latinoamericanos que han cultivado la estricta arquitectura y temática del haiku o la flexible lírica del senryū (aún sin saberlo) destacan: José Juan Tablada[2] (México), Octavio Paz (México), Jorge Luis Borges (Argentina), Mario Benedetti (Uruguay), Fany Luisa Dupré (Brasil), Julián Malatesta (Colombia), Eugenio Florit (Cuba), Jorge Teillier (Chile), Jorge Carrera Andrade (Ecuador), Héctor Rodas Andrade (Guatemala), Javier Sologuren (Perú), Jean Aristigûieta (Venezuela), etcétera.

A continuación, cuatro ejemplos de senryū latinoamericanos:

Trozos de barro,
por la senda en penumbra
saltan los sapos
José Juan Tablada

---

2 Considerado como el precursor del haikú en la lírica española y latinoamericana.

El mundo cabe
en diecisiete sílabas:
tú en esta choza

Octavio Paz

Callan las cuerdas.
La música sabía
lo que yo siento

Jorge Luis Borges

Espero que esta breve introducción permita al lector distinguir un haiku de un senryū y, por otro lado, disfrutar de este humilde poemario que combina prosa con senryū a la manera de Bashō (*haibun*).

MS

Entre una estrella y dos golondrinas

I. Negro caballo de espuma

Entre tus piernas hay un pozo de agua dormida,
bahía donde el mar de noche se aquieta,
negro caballo de espuma (...)
Octavio Paz, *Cuerpo a la vista*

Un día, antes de lanzarme al vacío, decidí confesarme ante dos golondrinas. La amé y ella a mí, les dije. Juntos nos desnudamos en las cosas sin dueño y en los seres sin nombre. No te detengas, indicó una de las golondrinas. Salta, expresó la otra, pero no caigas en silencio.

1.   Cuando la conocí, yo era trece años mayor que ella. Era una nínfula y yo Humbert:

Te conocí.
Te reconoceré—
No te conozco

2.   Una tarde de septiembre, recostados en mi cama, ella miró mi sexo con serena atención; luego, le quitó todo adjetivo:

Cuerpos desnudos—
Poesía sin poema:
olas sin mar

3.   Nuestra primera vez fue algo como soft porn entre una adolescente y un hombre en su segunda infancia:

> Fui tempestad—
> Ahora soy espuma:
> sal en tus muslos

4.   Su cuerpo era la tierra cultivada por Príapo; pero el otro paraíso estaba más al sur, muy cerca de su sexo:

> Tu sexo: miel.
> Tus pechos: leche y dátiles.
> Mi cuerpo: pan

5.   Ella era Eva. En su gemido, un orgasmo primigenio hacía eco:

> Entre tus muslos:
> el otro paraíso—
> Eva, el fruto

6.   Yo era Adán. Mi tarea diaria en la oficina era encasillar números y renombrar muertos:

> Otra serpiente
> muerde mi entrepierna—
> Adán, la carne

7.   Cuando Dios reía, yo buscaba refugio en los brazos de ella:

> Miro llover—
> Las nubes son corderos:
> Dios los degüella

8. Conocí el Lenguaje de la Creación gracias al Archi-
mago Gavilán; llamé a las cosas por su nombre verdadero:

Yo soy nada—
¿Nada? Allá: Adán.
Adán yo soy.

9. Al principio todo era oscuridad y orden; luego, ella
abrió su cuerpo y el caos empezó:

En luz te mojas:
luz líquida que bebo—
Tu sexo quema

10. La envergadura de sus alas era la de un colibrí
recién nacido:

Allá sos Eva.
Es o no: o no sé.
Ave sos allá

11. En mi entrepierna un animalito muy viejo despertó
y dijo:

Nunca me fui:
es y será mi casa—
Soy la serpiente

12. Su sexo olía a líquenes y a musgo:

Tu cuerpo: flor.
Tu sexo: agua | tierra.
Yo: la semilla

13. El Espíritu de Dios se movía con nosotros sobre la faz de las aguas:

Soy la marea:
pleamar | bajamar—
Tú: gravedad

14. Su cuerpo fue una puerta entreabierta a otros mundos:

Mi sexo: luz.
Mi cuerpo: supernova.
En ti: el cosmos

15. Ella me enseñó el arte de la navegación; ambos naufragábamos en las costas de Peri Rossi:

¡A navegar!
Tu sexo: giroscopio.
El mío: brújula

16. Casi siempre, yo naufragaba en ella mucho antes:

Tu cuerpo: agua.
Tu sexo: sal marina—
Muero de sed

17. Aprendí a besarla, de cabeza sobre el mundo, como un péndulo:

Besé tus labios.
¿Cuáles? No lo recuerdo—
Eran luz líquida

18. Nos hacíamos cosquillas; ella reía el triple que yo:

> Por un segundo
> fueron una sonrisa
> todos tus labios

19. Cuando hacíamos el amor, nuestros cuerpos eran una cinta de Moebius; éramos una sola cara y un único borde:

> Me desorientas—
> Duermo fuera de ti.
> En ti despierto

20. Le suplicaba que no se detuviera o que lo hiciera, que me comiera con lentitud:

> Muérdeme | Bébeme—
> A dos bocas | seis labios:
> soy pan y leche

21. Ella fue mi Estefanía y yo su Palinuro:

> Al revés vivo—
> Un mar en cada ola.
> Tu sexo: dulce

22. Le conté que Eduardo Lizalde era un tigre que fue hombre:

> Muerdo tus muslos:
> nací tigre no pájaro—
> No sé del aire

23. Su cuerpo fue un nido vacío donde incubamos el amor:

> En nuestros labios
> copulan como besos
> los ruiseñores

24. En su cuerpo habitaban Eva, Electra, Yocasta, Antígona, Medea, Helena, Penélope, Scherezada, Jimena, Beatriz, Dulcinea, Ofelia, Cordelia, Desdémona, Miranda e Inés; cada noche era una orgía:

> Todos los nombres
> son tu nombre. Las nombro
> para nombrarte

25. Ella era perfecta porque nunca pude definirla:

> Cuerpo simétrico:
> dos muslos y seis labios—
> Sístole | Diástole

26. Yo era imperfecto como un kiliágono:

> No sé quién soy—
> Seré lo que no fui.
> Hube sin ser

27. Cuando hacíamos el amor, éramos imagen y semejanza del Universo:

> Sístole | Diástole—
> Mi cuerpo en tu cuerpo:
> bosón | fermión

28. Su cuerpo fue mi Universo observable; yo fui un Hiparco de Nicea lleno de lujuria:

> Entre tus muslos:
> un sol de negra luz—
> Quema mi lengua

29. *Leck mich im Arsch! Leck mich im Arsch!* Me cantaba al oído como Constanze a Mozart:

> Beso tus nalgas.
> Mi lengua: colibrí—
> ¡Pájaro mosca!

30. Donde terminaba mi cuerpo empezaba el de ella:

> Espacio | Tiempo:
> entro y salgo de ti—
> ¡Vértigo cósmico!

31. Ella contó más de 10 billones de ángeles en sus labios:

> Cosmos en blanco—
> En mi semen hay ángeles
> que son galaxias

32. Yo conté más besos en sus labios que estrellas en el Universo:

> Soy luz que hierve—
> Estrellas como ángeles
> entre tus labios

33. Una tarde de verano, 300 mil millones de estrellas la empaparon:

> Tus pechos: cosmos—
> Derramo sobre ti
> la Vía Láctea

34. Ella fue salvaje como Hera; la consagraba en leche:

> Estrellas líquidas
> escurren en tu pecho:
> son Vía Láctea

35. Si la mujer pudiera decir lo que desea; si yo hubiese sido Cernuda:

> Sístole | Diástole—
> Lésbica simetría
> de un latido

36. En mi pensamiento la voz de César Vallejo: ¡Odumodneurtse!

> Fuego tu sexo.
> Brasa sin combustión—
> El mío: cera.

37. Ella fue mi Aratea de carne:

> La Vía Láctea
> sobre ti derramada:
> húmeda luz

38. A veces, me pedía que la empapara con la luz producida por todas las galaxias:

Mi semen: luz—
Ciega de tanta luz
besas mi sombra

39. A diferencia de Zeus, ella era Dánae convertida en un diluvio:

Lluvia dorada—
En mí fecunda flores
de blancos pétalos

40. Para satisfacerla partía mis átomos en dos:

En ti me hundo—
átomo que germina
en supernova

41. Ella ocultaba dos estrellas equidistantes debajo de su falda:

Entre tus nalgas:
estrella de luz fría—
Sol de tinieblas

42. Para contar el número de estrellas en el Universo, primero hay que contar el número de galaxias:

Desde tu cima
contemplo el Universo:
Monte de Venus

43. Ella fue mi apología del vértigo estelar:

Entraba en ella
para salir de mí—
Y viceversa

44. A veces me preguntaba qué habría hecho Catulo en mi lugar:

Hasta sangrarlos
mordía tus pezones—
Leche de rosas

45. En su cuerpo descubrí tres caminos al paraíso:

Beso tus nalgas:
hemisferios simétricos
de otro Empíreo

46. Sólo en la humedad de la lengua nace la poesía:

Un colibrí
la punta de mi lengua—
Tus nalgas: flores

47. Cada beso fue una magnitud adimensional del amor:

Entre tus labios
un nido de gorriones—
En mí: el ave

48. Mi destino es morir en el aire, cerca de los aeroplanos, y caer, caer, caer:

> Como un mirlo
> en el aire me corro—
> Me voy. Me vengo

II. Ménage à trois

> *Cuántas veces, a tientas, en la noche,*
> *sueñan dos cuerpos fundirse en uno solo*
> *sin saber que al final son tres o cuatro.*
>
> Eugenio Montejo, *Dos cuerpos*

Un día —les revelé a las golondrinas que empezaban a impacientarse— ella decidió confesarme sus deseos más íntimos y yo, mis húmedos sueños de acróbata. Escribí en su cuerpo casi todos los nombres que amé a dos y tres lenguas.

1. Nuestros cuerpos fueron una casa para tres; a veces, para cuatro:

    Bésame, dijo.
    Bésame con sus labios—
    Bésala en mí

2. Besar es un acto metalingüístico de labios:

    Bésame, bésala—
    Besémonos a tientas:
    con sed ajena

3. Cada beso fue habitado por 80 millones de fantas-
mas microscópicos:

> Tú la besaste.
> Luego, ella a mí—
> Tus besos: eco

4. Besarnos fue nuestro paralenguaje de ménades y sá-
tiros:

> Húmedas brasas:
> sus labios en tus labios—
> Safo de Lesbos

5. Éramos nadie, éramos nosotros:

> Tú y yo, él.
> Lo besas con mis labios—
> En dos me parten

6. Después de todo, sólo fue acostarse juntos (Sabines
tuvo razón):

> En él: desnúdame—
> Bésame con su boca.
> En mí: devóralo

7. Amé a Francisco en síncopa irregular, pero
melódica:

> Pecho desnudo—
> Tu corazón: dos besos.
> ¡Mi cuerpo ardes!

8. Amé las tres cuerdas en el alma de Mehdi; su cuarta de Moshtagh:

> Sueño despierto—
> Insomne te desnudo:
> sueño que sueño

9. Amé las veintiséis hebras en la trenza de Hollving:

> Soñé tu cuerpo:
> se mojaba en el mío—
> Ambos en leche

10. Amé los jilgueros de espuma en el laúd de Manuel:

> Cierro los ojos—
> Duermo: sueño que sueñas.
> ¡Húmedos sueños!

11. Amé que María Luisa no supiera cuánto cuesta un poema:

> Sueño contigo:
> escribes lo que sueñas—
> Y viceversa

12. Amé a Mariángeles en secreto, como un animalito antediluviano oculto en el arca de Noé:

> Tu cuerpo en mí:
> soñé que me soñabas—
> Mi piel ardías

13. Amé a Carla el doble de su altura, pero sentí vértigo y caí:

Un mar en ti—
Te bebo sus mareas:
naufrago en él

14. Amé el ruiseñor hecho nudo en la garganta de Andrea:

En dos me rompe:
me penetra, me hierve—
Tu voz, tu canto

15. Amé a Irma y ella a mí; luego, la arrojé a los perros de Tíndalos:

Polvo estelar—
En ella fui galaxia.
Después, un átomo

16. Amé la fiera y silenciosa lealtad de Felipe:

Las flores queman—
Son ascuas como besos:
¡es el verano!

17. Amé el arte de matar dragones adimensionales que Elías me enseñó:

Esto deseamos:
en un beso perderme—
Tú: encontrarme.

18. Amé a Irma, furioso como Edipo:

> Es el verano—
> Bajo tus pies desnudos:
> el mar se agita

19. Amé a Julieta con trece años de ventaja:

> El mundo gira—
> Tus pies desnudos: firmes.
> ¡El mundo danza!

20. Amé a Julián como Juan el Apóstol a Jesús:

> Clavos de carne—
> En ti me crucifico:
> renazco en leche

21. Amé a Joel desde antes que fuera carne:

> Es el ocaso—
> Los sueños son fantasmas:
> besos sin labios

22. Amé todos los labios de Gabriela:

> Tormentas fuimos—
> En ti: todos los mares.
> En mí: los náufragos

23. Amé el evangelio de polvo estelar que Ana predicaba:

> En tus pupilas:
> mi cuerpo duplicado—
> Fractal de fiebre

24. Amé a Loreley como un pájaro ebrio:

En mí despiertas:
pensabas que dormías—
El sueño empieza

25. Amé a Enrique como un profeta al desierto durante
cuarenta noches:

Flores de nieve:
semillas de semillas—
Queman sin llama

26. Amé a Nallely mientras las hormigas mordían mis
sueños:

Trazos al aire—
Mi sexo: un pincel.
Tu pecho: lienzo

27. Amé a Javier cuando el mundo todavía era verde:

Es primavera:
mi pensamiento yergues—
Árbol de carne

28. Amé desnudar a Kyra de toda geometría acuática:

Entre tus pechos:
mi cuerpo de gorrión—
Ya es primavera

29. Amé a Héctor entre dos blancos relámpagos:

> Entre tus muslos:
> dos mujeres desnudas—
> Yo y la muerte

30. Amé a Pascal como a un onironauta a la deriva:

> Tu cuerpo: luz—
> y, de noche, luciérnagas
> todos tus sueños

31. Amé a David porque nunca supo rendirse:

> No hablas: cantas—
> Una jaula tu cuerpo.
> Tu canto: alas

32. Amé a Sandy porque yo tenía sed y ella era un espejismo de agua:

> Este deseo:
> es miembro de sí mismo—
> ¡El infinito!

33. Amé que Arturo jurara por Saló:

> La sueñas, sátiro.
> Ella sueña que sueña—
> Sueño con ambos

34. Amé a Enriqueta a través de armonías pitagóricas:

> Éramos fuego—
> En lluvia te inflamaste.
> En nieve ardí

35. Amé a Pablo como un alfil a una torre:

> Dormí. Soñé.
> Dice quien resucita—
> Despierto: sueño.

36. Amé que Casilda fuera un alfiler clavado a un átomo:

> Espacio | Tiempo—
> En un cosmos sin eje:
> giras sin vértigo

37. Amé a Jesús como a un kiliágono encarnado:

> Los mirlos: notas.
> El árbol: partitura.
> Él bosque: ópera

38. Amé a Marko como una serpiente tótemica:

> Tras el espejo—
> Otros rostros nos miran:
> se reconocen

39. Amé las siniestras historias de Alberto:

> Al mediodía
> los espectros son flores—
> Tu cuerpo: árbol

40. Amé la equidistante lejanía de Marlene:

> Mordí tus muslos.
> Mordiste mis pezones—
> Soñé | Soñaste

41. Amé a Orlando en todas direcciones y en todos los sentidos:

Hube soñado.
Luego soñé de nuevo
que soñaría

42. Amé a José Ángel por un milagro de nubes:

No te di tregua.
Mordí hasta tu sombra—
Sólo un sueño

43. Amé a Whitman, a Tagore y a Hafez; fui su amante omnipresente:

Nombro | Renombro.
Escribo | Reescribo—
No me resigno

44. Amo a Dante porque juntos conjugamos verbos inverosímiles:

En ti renazco—
En dos cuerpos mi alma:
fuego binario

III. Entre una estrella y dos golondrinas

Una tarde, cogí mi paracaídas y dije:
"Entre una estrella y dos golondrinas".
He aquí la muerte que se acerca
como la tierra al globo que cae.

Vicente Huidobro, *Altazor*

El día que decidí saltar por el ventanal de la oficina, dos ángeles que creí golondrinas me saludaron con una reverencia. Uno de ellos guardó una estrella en mi bolsillo. El otro besó la punta de mi nariz. Ambos me escucharon con atención mientras hacían un nido de aire en mi cabeza.

1. De niño aprendí a soñar despierto:

Cierro los ojos—
Dormirse en un sueño
es despertar

2. Soñé oscuros precipicios y ciudades muertas; contemplé el puerto de Dylath-Leen:

Abrí ventanas:
miré dentro de mí—
Entreabrí puertas

3. Descubrí que no somos los únicos que sueñan; tampoco los primeros, ni los últimos:

Sueño con alguien—
Duerme tras el espejo:
también me sueña

4. Los habitantes en los espejos son salvajes como la luz. Caminan en línea recta, pero duermen en camas oblicuas:

Me sueñan otros—
Detrás de los espejos:
a otros sueño

5. Los espejos reflejan los sueños, pero los invierten:

Éste despierta:
soy yo, pero soy otro—
Aquel se duerme

6. Por cada durmiente aquí hay un sonámbulo allá, y viceversa:

No he dormido:
la luz quema mis sueños—
También la noche

7. Solía preguntarme si era verdad una afirmación sobre algo que no existe:

Si lloro, ríe—
¿De quién es este rostro
tras el espejo?

8. Borges, un soñador obsesivo, tuvo la certidumbre de que todo está escrito; reescribir sólo nos «afantasma»:

> En mis palabras:
> las palabras de otros—
> Reescribo sueños

9. En mis sueños se entretejían otras dimensiones, paralelas y perpendiculares:

> De sueño en sueño:
> despierto en otro sueño—
> En otro cuerpo

10. Soñaba con Alicia, pero yo solía caer en el pozo más profundo de un sueño húmedo:

> Sin dormir: sueño.
> En mi sueño te sueño—
> En ti despierto

11. Al igual que Poe, yo también soñaba con Ligeia. En su largo cabello negro se enredaba mi deseo:

> Dormir contigo
> soñé que soñaría—
> Sin más: un sueño

12. El sexo de Mariana, la Perla de Labuán, olía a tinta sobre papel:

> Me sueño tigre—
> El aire huele a ti:
> estoy en celo

13. Algunos sonámbulos caminan; otros vuelan:

> Cierro los ojos.
> Si creo soñar, salto—
> A veces, vuelo

14. Le pregunté a mi madre qué era la muerte; ella dijo que soñar:

> Cierro los ojos:
> me duermo si los abro—
> Sueño que sueño

15. Entonces, «¿qué es la vida?». Segismundo, desde su torre platónica, responde: «la vida es sueño, y los sueños, sueños son»:

> Sueño que muero,
> pero no he dormido—
> ¿Despertaré?

16. Mi padre me contó el sueño de los cuartos infinitos que tuvo José Arcadio Buendía:

> De sueño en sueño:
> en algunos despierto;
> en otros, duermo

17. Un día, en el Templo del Alba, tomé el tantō de Yukio Mishima:

> Corté mis venas,
> me creía dormido:
> sueño despierto

18. Virgilio, uno podría volarse la tapa de los sesos y no conciliar el sueño:

Qué pesadilla:
soñar que no se duerme—
Soñarse insomne

19. Una noche, descorazonado como Olaf Stapledon, subí a una colina:

Soy microcosmos:
sueños que se traslapan
en macrocosmos

20. Sin ella a mi lado todo me era ajeno:

Me es ajeno.
Lo real: otro sueño—
Nunca despierto

21. El multiverso está lleno de fantasmas que se piensan vivos:

Este fantasma
es el sueño de alguien—
Quizás el mío

22. Cuando cumplí la edad de Cristo realicé mi primer milagro:

Yo convertí,
a los treinta y tres años,
el vino en agua

23. Hay hombres que se creen poetas, señor Speroni; yo soy un poeta que se sabe loco:

> Puedo volar—
> Soy un gorrión furioso:
> vuelo, no canto

24. Ven, acuéstate conmigo, me dijo Günter en el desierto de Gobi:

> ¿Mujer u hombre?
> Alguien duerme conmigo—
> Despierto: nadie

25. Si el mundo se contradice, yo también:

> De vez en cuando,
> si los perros hablaran,
> yo ladraría

26. Se domestica al zorro, Antoine, pero no al tigre:

> A veces muerdo—
> No fui domesticado.
> Como tú: tigre

27. Por amor a Omar, no preguntaré sobre la creación o la eternidad:

> ¿Qué soy aquí?
> ¿Peón que se corona
> o rey en jaque?

28. La primera vez que salté por el ventanal de la oficina, el único testigo fue el Dr. Cesare Pavese:

> Cuando salté
> la ventana fue mar:
> yo, un delfín

29. La segunda vez, con mi mano derecha tomé un paraguas; con la izquierda, un poemario de Alejandra Pizarnik:

> De nuevo, salto—
> La sombrilla se rasga:
> caigo sin vértigo

30. La tercera vez, descubrí que Alfonsina Storni no fue una sirena sino una sílfide:

> Cantó, voló—
> No era un suicida:
> fue ruiseñor

31. La décima vez, Jorge Cuesta me ofreció su cuchillo recién afilado:

> Corté mis venas—
> Luego dormí, soñé:
> fui un albatros

32. A veces, Acuña y Lorca me lanzaban flores; Rilke y Maiakovski, clavos de madera:

> Dios envejece—
> Nada es permanente:
> sólo el suicida

33. Nikola Tesla me revivió en un par de ocasiones:

> Soy carne, huesos—
> Corazón inalámbrico,
> pero galvánico

34. En otras, resucité por mi cuenta:

> Un cristo soy—
> Cada día: un clavo.
> Mi cruz: la nada

35. Dios era hermoso como una espada sobre mi cabeza:

> Mi dios: el óxido—
> Devora la ciudad,
> nunca la carne

36. No aposté en contra ni en favor de los dioses:

> Los dioses saben:
> quién fuiste | quién serás—
> Jamás quién eres

37. Quizás, fui un Prometeo detrás de un ordenador que se reinicia:

> Fui carne, huesos—
> Ahora soy silicio:
> sed inalámbrica

38. Tal vez, soy un Minotauro que espera en el centro de la nada:

La soledad:
laberinto sin muros—
Afuera llueve

39. Mi padre también fue un cristo, pero no resucitó al tercer día:

Cristo mi padre—
El seno de mi madre:
su crucifijo

40. Un día, encontré a un niño que no reconocí; caminaba en sentido contrario:

Te lo repito:
no pareces mi muerte—
¿Serás de otro?

41. El corazón del universo es una cáscara de nuez o un beso:

En primavera
el corazón del bosque:
una semilla

42. En ella se encarnó Carpo; en mí, un cerezo:

En el otoño,
muerto el espantapájaros,
los cuervos cantan

43. De madrugada, mientras el mundo envejecía, nosotros andábamos desnudos como fantasmas:

En una flor
el vértigo del cosmos:
¡El girasol!

44. En el invierno, nuestros cuerpos se cubrieron de pájaros muertos como flores:

Mi corazón:
nido de golondrinas—
Está vacío

45. De madrugada, golpeé las teclas al azar con la esperanza de reescribir mis propias palabras:

Los muertos dicen:
fuimos, somos, seremos—
Los vivos callan

46. De camino a Marte, un gato cruzó delante de mí y me sonrió; entonces recordé:

En otra vida
fui dos gatos en uno—
En ésta: Schrödinger

47. Un dios de otro mundo me dijo con palabras sordas:

No soy imagen.
No soy tu semejanza—
Somos en dos

48. Cualquiera puede volver a su propio pasado y suicidarse, excepto Gödel:

> Nada termina.
> Hoy fue lo que será:
> nada comienza

49. Parménides de Elea me señaló con su dedo y dijo: el ser existe, el ser es; al otro lado del Universo, como en un sueño, respondí:

> Para ser uno
> fui partido en dos:
> Humano | Mundo

50. Antenoche volví a soñar con ciudades sumergidas en océanos de óxido:

> El fin del mundo:
> fue ayer, no es hoy—
> Quizás mañana

51. De niño, ¿maté a un hada o arranqué una flor?; ¿o fueron ambas?:

> Un iris muerto
> en mi mano derecha—
> Era un hada

52. En cien años, ¿alguien recordará cuándo murió el último pájaro?, ¿cuándo fue asesinada la última flor en esta tierra?:

> Ramo de lirios:
> yo soy el asesino—
> Ya es muy tarde

53. Finalmente, a la hora señalada, Vicente Huidobro me dio su paracaídas. Le lancé dos miradas y media y dije:

> Tierra, fui tuyo—
> En un vaivén de péndulo
> sobre ti cuelgo

54. Entre el sueño y el despertar habitan los espectros:

> Caer sin prisa:
> del mundo al trasmundo—
> Y despertar

55. Renacer es desnudarse de rayas y revestirse de plumas:

> Renazco pájaro:
> la tierra fue mi jaula—
> Del aire cuelgo

56. La levedad de renacer y contradecirse de nuevo:

> Renací mirlo.
> El aire: otra jaula—
> ¿Por qué no flor?

57. A veces creo que nunca desperté de mi primer sueño:

Oí en sueños:
No despiertes, caerás—
Sigo volando

58. Mi última confesión en caída libre:

Vivir es triste.
Es cierto: tengo miedo—
De ti | De mí

Manuel Sauceverde

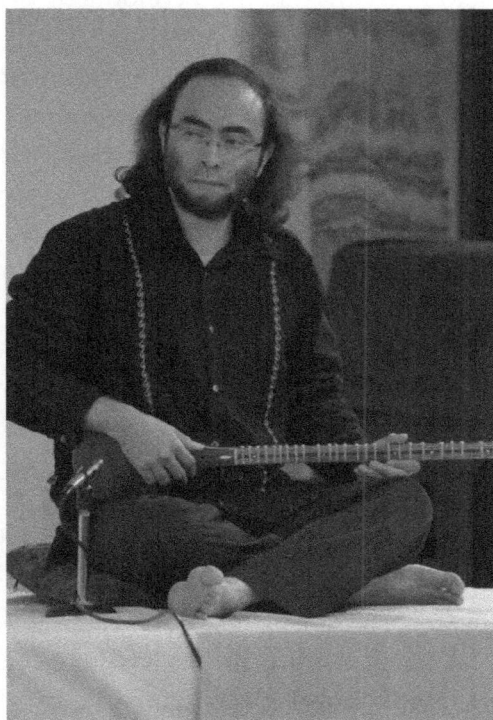

Foto: Ghazal Rezvani

(Ciudad de México, 1979). Es Doctor en Economía por la Universidad Nacional Autónoma de México (UNAM) y pertenece al Sistema Nacional de Investigadores (SNI).

Por un lado, ha publicado diversos artículos científicos en revistas especializadas nacionales e internacionales. En 2017 obtuvo el Premio Internacional de Investigación «Emilio Fontela», otorgado por la Sociedad Hispanoamericana de Análisis Input-Output y la Universidad de

Oviedo; y en 2016, el Premio Internacional de Documentos de Trabajo, otorgado por el Banco Central de Bolivia y la Asociación de Pensamiento Económico Latinoamericano.

Por otro lado, ha obtenido diversos reconocimientos de narrativa, poesía y música, entre los que destacan los premios Quinta Jornada de Literatura Breve «Tweet por viaje 5.0» (Secretaría de Cultura de la Ciudad de México y Secretaría de Cultura Federal, 2018), Cuento de Ciencia Ficción «Año Internacional de la Física» (UNAM, 2005), el Festival Universitario de Día de Muertos (UNAM, 2001-2005). Su obra literaria aparece en: La Otra, Blanco Móvil, Bitácora de Vuelos, Plesiosaurio, Ariadna, La Gualdra, Periódico de Poesía, Antología Virtual de la Minificción Mexicana, Monociclo, Narrativas, Le Miau Noir, Anestesia, Búho Negro, Cuadernos de Foro Universitario y Goliardos. Además, es miembro del Ensamble Didar, el cual divulga la Música Clásica Persa en México. Se ha presentado en diversos recintos mexicanos: Plaza Miguel Auza (Festival del Folclor Internacional, 2017), Auditorio Blas Galindo (Centro Nacional de las Artes, 2017), Plaza Juárez (Festival Internacional Quimera, 2016), Sala Manuel M. Ponce (Palacio de Bellas Artes, 2015), Teatro Fantasio (Festival Internacional de la Cultura Maya, 2015), Museo Nacional de las Culturas (2014), Teatro de la Ciudadela (2014) y el Antiguo Palacio del Arzobispado (2013).

Índice

Obras publicadas en Lectio

Antologías

Poetas a la intemperie I

Exploraciones Quiméricas Vol. 1

Cuento

Los túneles y otros cuentos, Alberto Hernández

Un perdedor sin futuro, Raúl Solís

Acúsome, padre, Rocío Herrera

Manual de acrobacia cotidiana, Rodrigo de Ávila

Poesía

Divino poemario, Erik Meneses

La flor de un cardenche, María Elisa Schmidt

Novela

Overcast, Jorge Varela

Descarga este libro gratis

1. Escribe tu nombre y apellido, con pluma o bolígrafo, en la página donde aparece el título de este libro y el logo de Lectio.

2. Tómale una foto al libro, debe verse la página con tu nombre.

3. Envíanos la foto a: ebooks@lectio.com.mx

En poco tiempo, recibirás un enlace para descargar tu libro.

Entre una estrella y dos golondrinas es parte de la iniciativa
#QuiénHaceMisLibros
en favor de visibilizar a los distintos participantes
en la realización del producto editorial.

Entre una estrella y dos golondrinas de Manuel Sauceverde se terminó de
componer en enero de 2020 en el estudio de diseño editorial de Lectio
en la Ciudad de México.
La revisión y el cuidado de la edición estuvieron a cargo de Alan Santos
y Laura Becerra.
Para su composición se emplearon las familias tipográficas Cormorant
Garamond, Cormorant Infant y Noto Sans JP.

Para conocer el fondo editorial de Lectio visita: www.lectio.com.mx

La quimera de la literatura

LECTIO

www.ingramcontent.com/pod-product-compliance
Lightning Source LLC
Chambersburg PA
CBHW020607030426
42337CB00013B/1248